MELODIE MEINES LEBENS

Wundertütenpoet

VON

TINA HÜSCH

DIE MÖGLICHKEITEN
VON VERGÄNGLICHKEIT UND POESIE

Bibliografische Information der Deutschen Nationalbibliothek: Die Deutsche Nationalbibliothek verzeichnet diese Publikation in der Deutschen Nationalbibliografie; detaillierte bibliografische Daten sind im Internet über dnb.dnb.de abrufbar.

ISBN: 978-3-8192-4701-9

Verlag: BoD · Books on Demand GmbH, Überseering 33, 22297 Hamburg, bod@bod.de
Druck: Libri Plureos GmbH, Friedensallee 273, 22763 Hamburg

ABOUT ME

Ich liebe den Frühling, wenn die Welt langsam aus dem Winterschlaf erwacht, sich in leuchtendes Grün hüllt und endlich wieder blüht. Und wenn wir schon bei Dingen sind, die mich glücklich machen: Schokolade und Kuchen, aber bitte ohne Sahne, sie können ein Lächeln in meine Seele zaubern.

Ich mag alles, was anders ist. Denn anders bedeutet einzigartig, und einzigartig bedeutet Charakter. Moos zum Beispiel – weich, magisch, voller Geheimnisse. Ich könnte es stundenlang berühren und seinen Zauber spüren. Käfer? Sie sind faszinierend in meiner Welt und wie kleine Universen.

Worte sind meine Waffe und meine Medizin zugleich. Mit ihnen kann ich verletzen, heilen, verzaubern, verändern. Es gibt so gut wie nichts, das man nicht mit Worten tun kann. Nach einem jeden Wort ist die Welt anders, als sie vorher war.

Gedichte sind für mich eingefangene Lebensmomente, die durch Poesie für die Ewigkeit konserviert werden. Gefühle dürfen in mir Platz nehmen und mich ausfüllen – so, dass in meiner Seele ein Feuerwerk entstehen kann.

Es macht mich glücklich, nachts im Bett zu liegen, dem Regen zu lauschen und darüber nachzudenken, was Regentropfen und Sternschnuppen gemeinsam haben. Sie sind für uns alle da, sie bevorzugen niemanden und benachteiligen niemanden. Sie sind vergänglich und doch einzigartig, so wie alle Wunder auf dieser Welt.

Gerne verstecke ich mir kleine Freuden im Alltag. Ein Lied, das gute Laune zaubert. Ein Sonnenstrahl, der sich durch die Wolken kämpft. Ein Moment nur für mich. Denn das Leben ist zu kurz für graue Tage und zu lang, um auf Glück zu warten. Ich finde es lieber selbst – in leuchtenden Farben, in Musik, in einem Stück Schokolade.

Komm mit mir und schau Dir an, was ein Leben so alles kann.

TINA

FÜR DEN ZAUBER
DES LEBENS,
DER NIEMALS STILLSTEHT ...

Für alle,

die im Chaos des Lebens

Poesie finden.

Für Dich,

da Du zwischen den Zeilen nach Dir selbst suchst,

Dich in den Versen verlieren kannst,

nur um Dich letztendlich in den Gedichten,

die das Leben schreibt,

wiederzufinden.

INHALT

Einblick, Einsicht, Erkenntnis 16

Erster Streich 23

Es gibt das Leben 24

Glauben 25

Lebensziel 26

Hunger auf Leben 27

Selbstfindung 28

Zum ersten Mal 29

Erkennen 30

Vom Glück in sich 33

Ankommen 34

Priorität 35

100 Prozent 36

Geduld 37

Der größte Wunsch 38

Erkenntnisse des ersten Streichs 40

Zweiter Streich 43

Rückspiegel 44

Neue Wege. 46

Alte Wunden 47

Eis in mir 48

Angst vor der Angst 49

Zuversicht 50

Bitte an die Mitte 51

Lebenskarussell 53

Leichtigkeit 54

Wassertattoo 55

Stammtisch 56

Fliegen 57

Innenputz 58

Erkenntnisse des zweiten Streichs 60

Dritter Streich 63

Wirklichkeit der Träume 64

Utopie 65

Regelwerk 66

Lebensmut 67

Möglichkeiten der Vorstellungskraft 68

Projekte 69

Neue Zeit 70

Alles ist interessant 73

Liebe und Vertrauen 74

Der Fehler Wichtigkeit 75

Langeweile 76

Erzählungen von dir 77

Fisch im Wasser 78

Erkenntnisse des dritten Streichs 80

Vierter Streich 83

Veränderung ist Beständigkeit 84

Zauberei 85

Peter Pan 86

Innenweltreise 89

Heimat des Glücks 90

Grenzen aus Zuckerwatte 91

Der Welten Wissen 92

Ass im Ärmel 93

Erwachen 94

Stillstand der Zeit 95

Frage der Zeit 96

Sonne und Mond 97

Denken 98

Erkenntnisse des vierten Streichs 100

Schlusshoffnung 102

EINBLICK, EINSICHT, ERKENNTNIS ...

Setz Dich. Oder besser noch: Mach Dich bereit. Denn dies ist kein einfacher Gedichtband zum bloßen Lesen – es ist eine Reise. Eine Reise mitten ins Leben, mit all seinen Höhen und Tiefen, seinen wilden Tänzen und stillen Momenten. Ein bisschen wie ein Karussell, das sich immer weiterdreht: mal rasant, mal sanft, manchmal schwindelerregend, manchmal beängstigend – aber immer in Bewegung. Und ob wir es nun wollen oder nicht, wir alle sind Mitreisende. Manchmal haben wir das Steuer in der Hand, manchmal sind wir bloß Passagiere. Und manchmal sitzen wir da, festgeschnallt, während das Leben sich schneller dreht, als uns lieb ist.

Doch eines ist sicher: Die Fahrt hält immer Überraschungen bereit. Manchmal sind es glitzernde Wunder, die uns den Atem rauben. Manchmal sind es Steine, die uns stolpern lassen. Wir lachen, wir weinen, wir zweifeln, wir hoffen. Und genau das ist der Zauber des Lebens – es ist nicht perfekt, ist chaotisch, unberechenbar und doch auf seine eigene Weise wunderschön. Wir alle sind Suchende. Wir suchen nach Glück, nach Liebe, nach Sinn. Manche finden ihn in Momenten, in Menschen, in der Kunst, in der Stille. Andere suchen ihr Leben lang. Und wieder andere verstehen irgendwann, dass das, wonach sie suchen, nicht irgendwo draußen liegt, sondern tief in ihnen selbst. Glück ist kein Ziel, kein Ort, keine Trophäe. Es ist ein Gefühl. Ein Zustand. Eine Entscheidung.

Aber das zu erkennen, ist schwer, oder? Wir sind Meister darin, uns selbst im Weg zu stehen. Wir rennen dem Glück hinterher, als sei es ein Schmetterling, den wir mit bloßen Händen einfangen wollen – nur um zu merken, dass wir es erst spüren können, wenn wir innehalten.

Das Leben ist ein ständiges Werden. Ein beständiges Suchen nach Balance. Es ist laut und leise zugleich. Es bringt uns an unsere Grenzen und darüber hinaus. Und oft vergessen wir, dass es kein Drehbuch gibt, keine perfekte Richtung, keinen vorgezeichneten Pfad. Dass wir stolpern dürfen, dass wir uns verlaufen dürfen. Fehler sind keine Feinde – sie sind unsere besten Lehrer. Sie zeigen uns, wo wir wachsen können. Und Wachstum ist oft schmerzhaft, aber nie umsonst.

Doch wer sind WIR inmitten dieses wilden Seins?

Wir sind Kinder des Lichts und der Dunkelheit. Wir tragen beides in uns. Freude und Angst, Hoffnung und Zweifel, Liebe und Verlust. Wir sind Reisende auf einem endlosen Pfad, taumelnd zwischen dem, was war, und dem, was sein könnte. Und auf dieser Reise sind wir nie allein – auch wenn es sich manchmal so anfühlt.

Jeder Mensch trägt Geschichten in sich, die erzählt werden wollen. Erinnerungen, die verblassen, wenn wir sie nicht aufschreiben. Träume, die sterben, wenn wir ihnen nicht nachgehen. Und Wünsche, die wachsen, wenn wir den Mut haben, sie auszusprechen. Vielleicht ist das der größte Zauber des Lebens: Dass wir mit nichts beginnen als mit einer Idee, einem Funken, einem leisen Verlangen – und daraus etwas Wundervolles entstehen kann.

Hab keine Angst vor großen Wünschen. Hab keine Angst davor, anders zu sein, laut zu lachen, leise zu fühlen, mutig zu träumen. Sei hungrig auf das Leben, koste es mit vollen Zügen, brenne für das, was Dich begeistert.

Und vergiss nie, das innere Kind in Dir zu bewahren – denn es ist Dein Kompass, Deine Fantasie, Deine unerschöpfliche Quelle von Hoffnung und Magie.

Und ja, das Leben ist nicht nur Licht. Es gibt dunkle Tage, Nächte voller Zweifel, Abschiede, die Narben hinterlassen. Es gibt Angst, die uns lähmt, Träume, die zerbrechen, Menschen, die gehen. Es gibt Momente, in denen alles sinnlos scheint, in denen wir müde sind vom Kämpfen, vom Warten, vom Hoffen. Doch selbst in der tiefsten Dunkelheit gibt es Sterne, die den Weg weisen. Sie sind für alle da – ohne Ausnahme. Sie leuchten, egal wer Du bist, egal wo Du stehst. Sie bevorzugen niemanden, sie vernachlässigen niemanden. Und vielleicht ist das die größte Lektion, die sie uns lehren: Dass es immer Licht gibt. Auch wenn wir es gerade nicht sehen.

So ist das Leben eine Reise durch die **Vergänglichkeit**, die uns trotzdem wachsen lässt und zu immer neuen Erkenntnissen bringt.

V – ertrauen

E – wigkeit

R – eise

G – lück

Ä – sthetik

N – eugier

G – eduld

L – iebe

I – ntuition

C – ourage

H – offnung

K – reativität

E – hrlichkeit

I – nspiration

T – reue

Wenn wir **Vertrauen** in die **Ewigkeit** unseres Lebens haben, können wir unsere **Reise** mit **Glück** ausfüllen und die **Ästhetik** des Lebens spüren. Denn immer dann, wenn **Neugier**, **Geduld** und **Liebe** unsere **Intuition** und **Courage** leiten, ist die **Hoffnung** nicht weit. So werden wir mit **Kreativität** und **Ehrlichkeit** ein wundervolles Leben führen können, voll von **Inspiration** und **Treue** zu uns selbst.

Wenn wir erkennen, dass die Veränderung die einzig wahrhafte Konstante in unserem Leben ist, haben wir das Spiel des Lebens verstanden.

ZWISCHEN GESTERN UND UNENDLICH

Das Leben zieht weiter, es hält niemals an,
kein Tag kommt zurück, kein Moment bleibt je lang.
Die Wellen des Wandels umspielen dein Sein,
sie reißen dich mit, mal sanft, mal gemein.
Du klammerst dich fest an Vergangenes gern,
doch gestern ist fort, schon unendlich fern.
Die Zeit ist ein Trickser, sie lacht dir ins Ohr,
flüstert: Loslassen …
du kommst nicht drumrum auf dem Weg zum Ewigkeits-Tor.
Du kannst dich verwehren, kannst trotzig noch steh'n,
doch Zeit wird dich zwingen, irgendwann doch zu geh'n.
Denn Leben ist Wandel, mal stürmisch, mal sacht,
mal schmerzhaft und dunkel, mal golden und gelacht.
Und wenn du begreifst, dass Beständigkeit trügt,
dass nichts je bleibt, was das Herz einmal wiegt,
dann lernst du zu tanzen mit all deinem Sein,
denn wer sich verändert, der ist nie allein.
So wird das Leben für dich ein goldenes sein.

Was also tun? Weitergehen. Den nächsten Schritt machen. Vertrauen, dass das Leben uns trägt, auch wenn wir es nicht immer spüren. Und vielleicht – ganz vielleicht – ab und zu einfach anhalten und staunen. Denn das Leben ist voller alter Wunder und neuer Erkenntnisse. Man muss nur genau hinsehen.

DAS LEBEN IST WANDEL, NICHTS BLEIBT, WIE ES WAR,
WER SICH NICHT BEWEGT, BLEIBT UNSICHTBAR.
JEDER MOMENT VERGEHT, DOCH TRÄGT ER DICH FORT,
NUR WER LOSLÄSST, FINDET DEN RICHTIGEN ORT.
DU SUCHST NACH BESTÄNDIGKEIT, DOCH SIE ENTGLEITET
DIR SACHT, DENN WAHRE FREIHEIT ENTSTEHT IN DER
KRAFT, DIE VERÄNDERT UND LACHT.

ERSTER STREICH ...

Es gibt das Leben und den **Glauben** daran, das eigene **Lebensziel** erreichen zu können. So entsteht er, der **Hunger auf Leben,** und die **Selbstfindung** beginnt.

Immer dann, wenn man **Zum ersten Mal Erkennen** darf, wie gut neue Impulse tun, kann man **Vom Glück in sich** sprechen und von einem inneren **Ankommen.**

Durch all das wird einem klar, dass die Entscheidung, die **Priorität** zu **100 Prozent** mit **Geduld** auf das eigene Sein zu legen, die Erfüllung ist, und dadurch kann **Der größte Wunsch** Wirklichkeit werden.

ES GIBT DAS LEBEN

Es gibt das Leben,
es gibt die Zeit
und es gibt das, was uns noch bleibt!
Es gibt die Liebe,
es gibt die Angst
und die Hoffnung, dass es weitergehen kann.
Es gibt die Freude,
es gibt das Leid
in dieser immerwährenden Abfolge von Zeit.
Die Frage ist nur, wozu ist die Seele bereit
und bleibt am Ende genug Hoffnung und Zeit?
Komm liebe Seele mach dich weit,
dann sind wir für immer im Leben zu zweit!

GLAUBEN

Auf sich selbst aufpassen,
um so den eigenen Weg nicht zu verlassen.
An die eigenen Wünsche denken,
sein Sein nicht immer bedingungslos verschenken.
An die eigenen Träume glauben.
So was nennt man Selbstvertrauen.

LEBENSZIEL

Ist ein Lebensziel für ein Leben eigentlich zu viel?
Wird jeder von uns eines haben,
gehört es zu den guten Gaben oder kann es weg?
Wie ein Schippchen Dreck?
Ist es wirklich das, was uns weiterbringt,
oder nur das,
was uns durch Unerreichbarkeit von den kleinen Freuden ablenkt?
Oder ist es gar ein Spiel, dieses Lebensziel?
Kann man dabei überhaupt gewinnen?
Fragen über Fragen,
lasst sie uns ganz einfach vertagen
und uns an das Leben wagen!

HUNGER AUF LEBEN

Ich habe Hunger auf Leben,
Hunger auf Fröhlichkeit.
Hunger auf Freude und das, was mir noch bleibt,
ich bin dafür bereit.
Möchte meine Zeit genießen
und vor Leichtigkeit überfließen
in dem Fluss, der Leben heißt
und mich immer mit sich reißt!

SELBSTFINDUNG

Zu mir selbst finden,
mich einfach wieder mit mir selbst verbinden.
Mir einen neuen Namen geben,
zu neuen Zielen schweben.
Meine Träume träumen, endlich nichts mehr versäumen.
Dinge tun, die ich eigentlich nicht kann,
und das heute, nicht irgendwann.
Meine Ängste einpacken und unendlich sein
einfach nur in mir daheim.

ZUM ERSTEN MAL

Wann hast du zum letzten Mal was zum ersten Mal gemacht
und dabei endlos viel gelacht?
Wann warst du das letzte Mal unbeschwert und frei
bei etwas Neuem von Anfang an dabei?
Wann hast du dich nicht darum geschert, was die Leute sagen?
Wann warst du dir das letzte Mal selbst nur nah
und einfach mal für dich selbst da?
Wann hast du mal keinen anderen nach seiner Meinung gefragt
und dich einfach an was Neues rangewagt?
Einfach mal machen, so entstehen sie, die besten Sachen
und von ihnen sollte es mehr auf Erden geben,
denn durch sie entstehen sie, die glücklichen Leben.

ERKENNEN

Die Zukunft kann dir immer nur das bringen,
was du in der Gegenwart schon für dich erkennen kannst.
Deshalb fang an, an dich und deine Wünsche zu glauben,
als wären sie schon Wirklichkeit,
denn nur so hält die Zukunft für dich alle Wunder bereit.
So ist es in der Realität an der Zeit!

31

VOM GLÜCK IN SICH

Mit sich selbst allein sein können,
ohne einsam zu sein,
mit sich selbst auskommen, sich neu entdecken,
neue Träume wecken, Ideen aushecken
und mal mit sich allein ins Hotel einchecken.
Das eigene Leben feiern, 'ne Party mit sich selbst anleiern.
Einfach mal wieder ausgelassen tanzen,
sich vor keiner Freude mehr verschanzen.
Sich selbst spüren, lachen und weinen
und bei all dem sich nicht beeilen,
sondern glücklich in sich selbst verweilen.

ANKOMMEN

Werde ich je wissen, wann ich angekommen bin?
Gibt es ihn überhaupt, den Lebenssinn?
Wer fängt mich auf, wer hält mich fest
in dem kommenden Lebensrest?
Mit wem werde ich meine Stunden teilen,
wer wird an meiner Seite verweilen?
Will allein sein, mich aber nicht einsam fühlen
und so sitze ich zwischen meinen eigenen Stühlen
mit den ganzen wilden Gefühlen!

PRIORITÄT

Ich möchte Priorität sein und keine Option,
denn ich bin kein Provisorium.
Ich möchte in meinem Leben die erste Geige spielen
und keine sein unter vielen.
In diesem Leben habe ich nur dieses eine Sein
und da soll ganz viel Freude rein.
Will selbst meine Entscheidungen treffen,
um meine eigenen Regeln zu brechen.
So bin ich meine eigene Priorität
und habe damit meine Wünsche auf fruchtbarem Boden gesät.

100 PROZENT

Wenn ich nur wüsste, was ich zu 100 Prozent will,
und wenn dann noch ständ die Zeit kurz still
und ich auch wirklich alles so bekommen könnt
und kein Wunsch sich mehr von meinem Leben trennt.
Wäre dann die Zufriedenheit groß,
wäre dann mein Leben famos.
So ist zu wissen, was man will, wohl das große Los.
Doch wie mach ich das bloß?
Die Verzweiflung ist groß.
Das Leben ist schon kurios
und klingt es auch sehr dubios.
Wenn man nicht genau weiß, was man will,
sollte man beobachten, was man tut,
denn dann wird wieder alles gut.
Das Handeln zeigt den wirklichen Wunsch.
Glückwunsch für den, der zu handeln wagt,
zu ihm hat das Leben Ja gesagt!

GEDULD

Manchmal braucht man einfach Geduld.
Manchmal muss man einfach aushalten können
und die Dinge nehmen, wie sie sind.
Einfach atmen, lächeln, schauen,
sich der eigenen Seele anvertrauen.
Darauf bauen, dass das, was kommt, auch richtig ist
und man alles andere am besten schnell vergisst.
So glaub an das Märchen, das Leben und die Poesie,
dann vergehen die guten Dinge in deinem Leben nie.

DER GRÖSSTE WUNSCH

Der größte Wunsch kann auch zur größten Last werden,
so was kann passieren hier auf Erden.
Pass immer auf, was du dir wünschst,
denn schon bald ist es da und deinem Leben nah.
Es geht dann so schnell nicht mehr weg
und bleibt wie der perfekte Fleck.
Ist es wirklich genau die Veränderung, die dein Leben braucht?
War es vielleicht doch gar nicht so verstaubt?
Ist die neue Situation das größte Glück
oder macht sie einen nur verrückt?
Deshalb pass immer auf deine Wünsche auf.
Was nimmst du wirklich für sie in Kauf,
passen sie in deinen Lebenslauf,
geht es durch sie bergauf
oder bringen sie dich nur aus deinen Träumen raus?

39

ERKENNTNISSE DES ERSTEN STREICHS ...

HAST du Dein eigenes Lebensziel schon gefunden und was ist der größte Wunsch an Dein eigenes Leben?
Schreibe Deine Zeilen und Wünsche hier nieder, dann begegnen sie Dir in Deinem Leben wieder.

. . . .
. . . .
. . . .
. . . .
. . . .
. . . .
. . . .
. . . .
. . . .
. . . .
. . . .
. . . .
. . . .
. . . .
. . . .
. . . .
. . . .
. . . .
. . . .
. . . .

ZWEITER STREICH ...

Wenn man sein Lebensziel gefunden und den größten Wunsch im Leben erreicht hat, wird die Zufriedenheit einziehen und eine wundervolle Dankbarkeit mitbringen.

SEI DANKBAR FÜR DAS, WAS IST, AUCH WENN DU MANCHES EIGENTLICH LIEBER VERGISST.
DAS LEBEN GIBT UND NIMMT ZUGLEICH, DOCH MIT EINEM OFFENEN GEIST BLEIBT ES REICH.
JEDER TAG EIN NEUES GESCHENK, INDEM MAN SEIN EIGENES GLÜCK LENKT.

Im **Rückspiegel** des Lebens betrachtet, sind **Neue Wege** zu gehen, die Möglichkeit, **Alte Wunden** zu heilen und das **Eis in mir** brechen zu lassen. Dadurch verliert man die **Angst vor der Angst** und kann mit **Zuversicht** die **Bitte an die Mitte** formulieren.

Das **Lebenskarussell** wird nie aufhören, sich zu drehen, doch genau dadurch kommt auch **Leichtigkeit** ins Leben und das **Wassertattoo** kann trocknen.

Was will man für den **Stammtisch** der inneren Kinder mehr?

Nur so lernt die Seele das **Fliegen** und gleichzeitig wird ihr **Innenputz** nicht beschädigt.

Doch **Mein Ich kann Krawall** und **Es ist so viel, was verwackelt**, wenn **Das Ego** auf der Bildfläche erscheint und seine eigene Bühne möchte!

RÜCKSPIEGEL

Dass ein Leben so schnell vergehen kann,
merkt man erst, wenn man in den Rückspiegel schaut
und dann nicht glaubt,
wie viel Zeit schon vergangen ist,
ehe man sich ein Stück selbst vermisst.
Doch die Erde hört nie auf, sich zu drehen,
egal was passiert, es wird weitergehen.
Und so wird es geschehen,
dass man irgendwann diese Erde verlässt,
und es bleibt nichts übrig,
es gibt keinen Lebensrest.
Nur unsere Seele wird nicht vergehen,
und so wird es irgendwann mit einem neuen Leben weitergehen.
Nur kann ich das in dieser Dimension noch nicht verstehen.

NEUE WEGE

Nicht am Alten festhalten,
nur Sorgen verwalten, das Leiden sortieren
und die Traurigkeit studieren.
Sich auf neue Wege begeben,
zur Musik bewegen,
vor Glück leicht schweben
einfach wieder leben.
Dazu gehört nur ein bisschen Mut
und dann wird alles von alleine gut.

ALTE WUNDEN

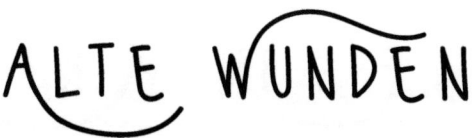

In sich reinspüren, was gut tut,
Gefühle zulassen und spüren,
an allen alten Wunden rühren,
so lange, bis sie sich aufgelöst haben,
dadurch sich wieder mit sich selbst vertragen
und den Stammtisch der inneren Kinder um Rat fragen.
So wird man den inneren Frieden finden
und sich wieder auf sich selbst besinnen.

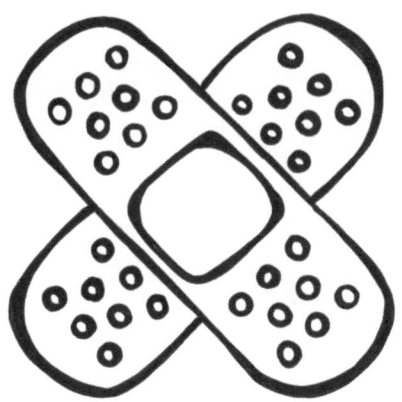

EIS IN MIR

Ich leg alle meine Gedanken auf Eis
und nehm mir die Zeit, die ich brauch.
Überall seh ich noch kleine Feuer brennen,
doch das Eis meiner Gedanken kann sie von mir trennen.
So fühlt sich alles leicht an,
wenn die Schwere der Gedanken weicht
und endlich nicht mehr alles um mich kreist.
Kann mich wieder selbst spüren
und meine Träume berühren.
Das alles wird zu neuer Lebensfreude führen.

ANGST VOR DER ANGST

Wovor hast du Angst?
Warum traust du dich nicht?
Wer nicht springt, wird nie das Fliegen lernen.
Und wer nicht sagt, was er zum Glücklichsein braucht,
wird es nie werden, so ist es hier auf Erden.
Wir sind das Studienobjekt vom lieben Gott.
Einem jeden geschieht nach seinem Glauben,
darum sollten wir mehr vertrauen.
Zu wissen, was man wirklich will,
ist hier die Kunst, um zu erlangen des Lebens Gunst.
Darum hab keine Angst vor allem, was geschieht,
da es nur des Lebens Spiel ist, in dem der Tod über das Leben siegt!
Doch wir alle sind ein Stück Unendlichkeit
und in der nächsten Dimension für noch mehr Erfahrung bereit.

ZUVERSICHT

Gegen innere Unruhe hilft nur Zuversicht,
die leise, aber mit fester Stimme in dir spricht:
Vergiss mich nicht!
Diesen Inner Peace, PLEASE!
Der dich von innen leuchten lässt
und jeglichem Leid gibt den Rest!
So dass es sich ganz auflösen kann,
denn von heute an ist die Zuversicht dran.
In meinem inneren Land,
in dem Sonnenblumen scheinen
und alle Traurigkeit verneinen.
So spricht mein inneres Vergissmeinnicht,
Inner Peace, Please!
Für meines Herzens Zuversicht!

BITTE AN DIE MITTE

Ich will sie finden, meine Kraft und meine Mitte,
das wäre meine große Bitte an meine eigene Lebensmitte.
Meinen eigenen Sinn erkennen,
aus meinen Fehlern lernen.
Das bedeutet für mich, von nun an mit Rückenwind
endlich nicht mehr für die Erfahrungen des Lebens blind,
ich glaube, dafür sind wir bestimmt.

LEBENSKARUSSELL

Mein Leben braucht mehr Karussell,
und das bitte schnell!
Mein Leben braucht mehr Rummelplatz
für meiner Seele inneren Schatz.
Mein Leben braucht mehr Konfetti mit Glitzer obendrauf,
nur so nimmt alles SCHÖNE seinen Lauf.
Mein Leben braucht mehr Lachen, Flausen und Glück,
dann ist auch mein Ego total verzückt.
Mein Leben will so gern nach den Sternen greifen
und dabei durch ferne Galaxien streifen.
So ist mein Leben ein Kunterbunt
und durch meine Verrücktheit kerngesund.

LEICHTIGKEIT

Mit ein bisschen Verrücktheit und Freude im Sinn
lernt die Leichtigkeit das Laufen.
Mit ein bisschen Offenheit und Vertrauen
lernen wir so, wieder auf unser Leben zu bauen,
und werden uns alles trauen.

WASSERTATTOO

Das Leben ist ein Wassertattoo,
es vergeht im Nu.
Schau dir selbst beim Leben zu,
was ist das, was wirklich bleibt am Ende aller Zeit?
Es sind nur die Erfahrungen, die wir machten,
die uns Freude und Leid brachten
und aus ihren Gefühlen heraus wir die Welt betrachten.
Alles unterliegt der Vergänglichkeit, am Rande der Unendlichkeit
ist es immer die Frage nach der Zeit,
die uns noch bleibt.
Das Leben, nur ein Wimpernschlag
an irgendeinem Tag,
der sich Ewigkeit nennt,
merkst du, wie das Feuer deines Lebens brennt?

STAMMTISCH

Höre in dich rein, denn tief in dir drinnen bist du nicht allein,
dort lebt der Stammtisch deiner inneren Kinder,
und glaube mir, eines spinnt immer.
Nutze diese tiefe Kraft,
damit sie es für dich zur großen Freude schafft.
Deine eigene Verrücktheit ist der Schlüssel, der alles schließt,
damit du deine Ängste besiegst!

FLIEGEN

Dann, wenn mir alle Wünsche gelingen
und alle Freuden für mich singen,
lerne ich zu springen,
damit ich fliegen kann.
Betrachte dann alles von oben, kann anfangen, mich selbst zu loben,
und muss nicht mehr auf dem Boden der Tatsachen verweilen
und mich mit der Langeweile beeilen.
So ist es, wenn Träume Wunder gebären
und sie zu deinen erfüllten Wünschen werden.

INNENPUTZ

Im tiefsten Inneren sollte aufgeräumt sein,
denn nur so kommt der gewünschte Frieden rein.
Aufgeräumt im inneren Kinderzimmer,
alte Verletzungen durchfühlen,
alte Ungerechtigkeiten aufwühlen,
um die Emotionen abzukühlen
einfach nur durch Fühlen.
Denn Gefühle wollen gelebt werden,
sonst fangen sie an, sich zu beschweren,
und werden uns ganz viel Kummer bescheren.
Darum ist es besser, wenn man sich ihnen zuwendet
und so keine Zeit verschwendet.

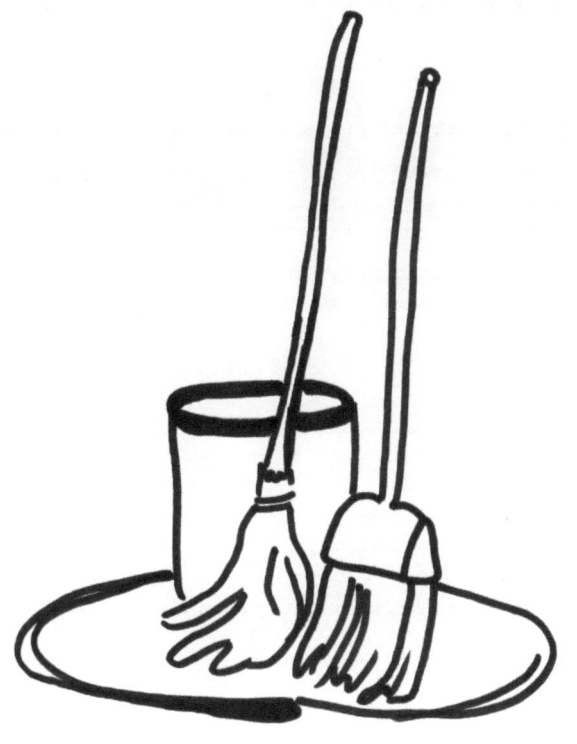

ERKENNTNISSE DES ZWEITEN STREICHS ...

WAS hat Dein Leben Dir bis jetzt an neuen, unverhofften Wegen gebracht und wofür darfst Du dankbar sein?

Notiere hier Deine eigenen Erfahrungen für Dich, denn sie sprechen für sich.

....

....

....

....

....

....

....

....

....

....

....

....

....

....

....

....

....

....

....

....

....

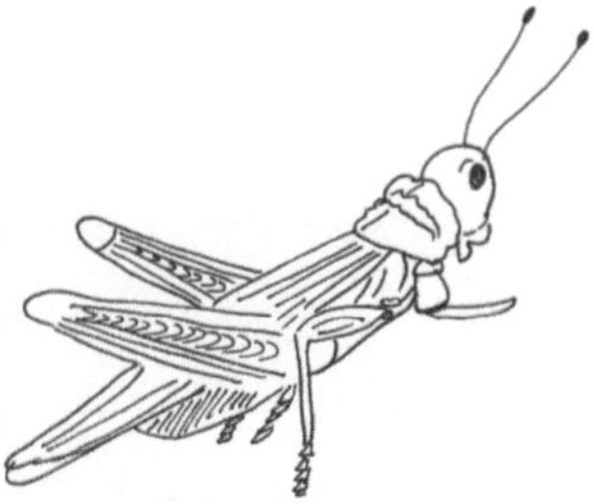

. . . .
. . . .
. . . .
. . . .
. . . .
. . . .
. . . .
. . . .
. . . .
. . . .
. . . .
. . . .
. . . .
. . . .
. . . .
. . . .
. . . .
. . . .
. . . .
. . . .
. . . .
. . . .
. . . .

DRITTER STREICH ...

Wenn man die Triggerpunkte der eigenen inneren Kinder kennt, dann kann man besser bei ihrem Stammtisch mitreden und mit Freude das Lebenskarussell genießen.

BLICKST DU ZURÜCK, WIRD OFT KLAR, WAS EINST VERWORREN, WAR DOCH WAHR.
MANCHES SCHIEN SCHWER, DOCH STÜCK FÜR STÜCK FÜHRTE ES DICH GENAU INS GLÜCK.
DAS LEBEN LENKT, AUCH WENN DU ZWEIFELST, OFT BESSER, ALS DU SELBST BEGREIFST.

Die **Wirklichkeit der Träume** ist nie **Utopie**, durch sie bekommt man im **Regelwerk** erst **Lebensmut** und kann durch die **Möglichkeiten der Vorstellungskraft Projekte** für eine **Neue Zeit** angehen.

Alles ist interessant im Leben, wenn man mit genügend **Liebe und Vertrauen** im Herzen lebt.

Der Fehler Wichtigkeit hat immer mit **Langeweile** und **Erzählungen von dir** zu tun.

Doch eigentlich sollten wir nur froh sein und glücklich wie ein **Fisch im Wasser** leben.

WIRKLICHKEIT DER TRÄUME

Zukunft, was wirst du mir wohl bringen,
wirst du mir auch gut gelingen?
Werden meine Träume Wirklichkeit,
wofür bin ich bereit?
Kann ich alles Alte ziehen lassen,
wird es dann auch in mir verblassen?
Was wird mir die neuen Farben geben,
in diesem neuen schönen Leben?
Was ist mit meinem Selbstvertrauen?
Kann ich wirklich auf mich bauen
und mir so selbst die Zukunft zutrauen?

UTOPIE

Ich möchte ein bisschen Utopie,
ein bisschen Unmöglichkeit mit Glitzer
und ein paar freche Freudenspritzer.
Will mehr das Lachen leben
und das Weinen vergessen,
bin auf Fröhlichkeit ganz versessen.
Lass die kleine Hexe in mir tanzen,
so dass alle Sorgen sich verschanzen.
Ab heute hab ich wieder Lebensmut,
für alle neuen Wege, auf die ich mich begebe.

REGELWERK

Warum laufen wir auf vorgegebenen Wegen,
wenn´s doch querfeldein viel schöner könnte sein!
Warum halten wir uns an die Vernunft,
wenn sie doch nur langweilig ist
und man mit ihr den Spaß am Leben vergisst.
Warum halten uns Termine in Schach
und bringen uns von der Leichtigkeit ab.
Warum beherrschen uns Regeln und entzweien uns von der Spontanität,
bis es ist irgendwann zu spät, ein Leben aus vollem Herzen zu führen
und endlich die Scham zu verlieren.

LEBENSMUT

Am Leben zu bleiben, bedeutet
Mut zu haben, seinen Kopf nicht im Sand zu vergraben
und keine Probleme zu vertagen.
Leben ist eine stetige Herausforderung,
doch jede Herausforderung hält auch jung.
Leben bedeutet nie Stillstand,
es wird zum reißenden Fluss,
doch nur so kommt es zu des Lebens Überfluss.
Leben ist Wandel, Leben hat seine eigene Definition von Glück,
und durch ein tiefes Verständnis dafür,
kommt der Lebensmut immer wieder zu dir zurück!

MÖGLICHKEITEN DER VORSTELLUNGSKRAFT

In einem Meer voller Möglichkeiten angle ich mir das schönste Leben.
Dabei hilft mir meine Vorstellungskraft,
mit der ich alles Unmögliche schaff.
Wenn ich mir so die Treue schwör
und mir endlich wieder selbst gehör,
fängt mein neues Leben an,
so bin ich an der ersten Stelle dran!
Und das jetzt, nicht irgendwann!

PROJEKTE

Der Mensch braucht immer ein Projekt,
die Glücklichen unter uns haben das gecheckt!
Denn nur durch ein Freudentun
ist der Mensch gegen Depression immun!
So halten kleine Projekte dich am Leben,
lehren dich alles zu geben
und mit neuen Ideen zu beleben.
Ein Hoch auf die Kreativität, die in uns das Wunder der Fröhlichkeit sät!

69

NEUE ZEIT

Auf in eine neue Zeit, in der von der alten nur Schönes bleibt
und alles Schlechte schweigt!
Auf in ein neues Leben, endlich wieder schweben,
so wird sich alles Schwere ergeben.
Endlich wieder aus vollem Herzen lachen
und nur verrückte Sachen machen.
Endlich wieder glücklich sein
und nicht mehr einsam und allein.
So fügt sich alles zu seiner Zeit,
wenn man ist für das eigene Leben bereit!

ALLES IST INTERESSANT

Begegne dem Leben mit der Feststellung: „Das ist aber interessant",
und dann sei gespannt.
Geh in deinen Verstand,
sei charmant,
wie sich dein Leben dir jetzt zeigt, ist relevant.
Ich versprech dir, es wird nicht mehr so eklatant
auf des Lebens Leinwand
und insgesamt wird sich alles verbessern,
da du nicht mehr in die Verurteilung gehst
und dadurch des Lebens Prüfungen bestehst.
So lernst du die Situation zu durchleuchten,
hast die Zügel in der Hand
und stehst nie mehr vor der Wand,
so durchschneidest du das Band,
sei gespannt, denn Neugierde ist des Lebens Pfand.
So bringt dich der Spruch:
„Das ist aber interessant",
in allen Lebenslagen in ein neues Land,
in dem Wut und Ärger nicht regieren,
so hast du nicht mehr so viel zu verlieren.

LIEBE UND VERTRAUEN

Selbstliebe und Selbstvertrauen,
diese beiden braucht man zum Auf-sich-Bauen.
Sich selbst zu akzeptieren,
an das eigene Ich zu appellieren,
um so dem eigenen Sein zu gratulieren.
Dadurch wird man sich nicht selbst verlieren.

DER FEHLER
WICHTIGKEIT

Ohne Fehler kann es kein Wachstum geben,
das ist eine wichtige Erkenntnis auf allen Lebenswegen.
Auf dem Weg zur eigenen Wahrheit
finden die wichtigsten Fehler statt,
so hält uns das Leben stets auf Trab.

LANGEWEILE

Vernunft ist wie Langeweile und Langeweile ist wie der Tod.
Und wir wollen doch nicht, dass uns dieser mitten im Leben schon droht.
Mit ein bisschen Verrücktheit kann das niemals passieren,
also lass dich von deinen Flausen inspirieren.
Sie bringen dir kreative Ideen,
so wird das Schöne im Leben nie vergehen.
Denn mit einem leichten Knall
kann man fliegen im Überschall,
und ist der Dachschaden auch groß,
der Blick auf die Sterne ist famos.
So kommt es am Ende immer nur auf die eigene Einstellung an,
denn sie bestimmt des Lebens Programm.

ERZÄHLUNGEN VON DIR

Meine Gefühle gehören mir,
doch sie erzählen mir von dir.
Ob das gerecht ist, frag ich mich,
dieses Störgeräusch in meinem Leben,
das mich stört zu schweben,
hindert, einfach schwerelos zu sein
und nicht verletzt und klein.
Gerne möchte ich mich von allen Störgefühlen schnell befreien,
um endlich wieder ungestört glücklich bei mir zu sein!

FISCH IM WASSER

Ich möchte ein Fisch im Teich des Lebens sein.
Mich mit Wasser betrinken
und ganz auf den Grund der Tatsachen sinken.
Bis ein Sonnenstrahl mich findet
und mich mit der Freude des Lebens verbindet.
Will mich durchs Wasser gleiten lassen
und alle Sorgen stets verpassen.
Wäre umspült mit allen Möglichkeiten
und könnte mit dem Leben spielen,
so wecke ich den Delphin in mir
und verlier alle Zukunftsangst.
Ach, was bin ich auf das Leben gespannt!

ERKENNTNISSE DES DRITTEN STREICHS ...

WELCHE Überraschungen hat Dir Dein Leben bis jetzt geschenkt und in welche Richtung hat es Dein Sein gelenkt?

Vermerke alles hier, denn es gehört zu Dir!

. . . .
. . . .
. . . .
. . . .
. . . .
. . . .
. . . .
. . . .
. . . .
. . . .
. . . .
. . . .
. . . .
. . . .
. . . .
. . . .
. . . .

· · · · · · · · · · · · · · · · · · · ·
· · · · · · · · · · · · · · · · · · · ·
· · · · · · · · · · · · · · · · · · · ·
· · · · · · · · · · · · · · · · · · · ·
· ·
· ·
· ·
· ·
· ·
· ·
· ·
· ·
· ·
· ·
· ·
· ·
· ·
· ·
· ·
· ·
· ·
· ·
· ·

VIERTER STREICH ...

Immer dann, wenn Träume zu Wirklichkeit werden, gehen große Wünsche in Erfüllung und bereichern das Leben mit einem Hochgefühl.

DU TRÄUMST SO GROSS, WILLST HOCH HINAUS, DOCH MANCHMAL STOLPERST DU VORAUS.
FEHLER KOMMEN, FEHLER GEHEN, DOCH LASSEN SIE DICH KLARER SEHEN.
AM ENDE ZÄHLT NICHT, WAS MISSLANG, NUR DASS DU DARAN WÄCHST EIN LEBEN LANG.

Veränderung ist Beständigkeit, wie **Zauberei** lebt sie in uns und lädt den eigenen **Peter Pan** zu einer **Innenweltreise** ein,
damit die **Heimat des Glücks** gefunden werden kann.

Denn dort, wo **Grenzen aus Zuckerwatte Der Welten Wissen** beschützen, ist das **Ass im Ärmel, Erwachen** zu dürfen, um festzustellen, dass es keinen **Stillstand der Zeit** gibt,
sondern nur eine **Frage der Zeit.**

Doch egal, was passiert, **Sonne und Mond** werden ihre Bahn nicht verlassen und man darf erkennen, es kommt immer nur auf das eigene **Denken** an.

VERÄNDERUNG IST BESTÄNDIGKEIT

Das einzig Beständige sind der Wandel der Zeit
und Kontinuität, die Veränderung heißt.
Nichts bleibt so, wie es war,
und Zukunft wird Vergangenheit
in einem Meer aus Zeit.
Auch die Gestalt im Spiegel verändert sich,
älter wird das eigene ICH!
Was dabei zählt, ist die Zufriedenheit
und das Weitermachen beim Vergessen der Zeit.
Auf dass noch ein großes Stück übrig bleibt
und mir das SCHÖNE im Leben zeigt.

ZAUBEREI

Sei dein eigener Magier der Zeit,
dann bist du für Kreativität bereit.
Sei der Zauber deines Seins,
dann kommt auch immer etwas Verrücktheit hinein.
Sei ein bisschen Fee des Glücks
und von deinem Leben verzückt.
Such den kleinen Elf in dir,
zum Drachenfliegen ist er hier.
Schau das Leben mit Märchenaugen an,
lass es Funken sprühen und fröhlich glühen.
So entsteht der Zauber in dir selbst,
wenn du dich auf die Magie es Lebens einstellst.

PETER PAN

Ich möchte meinen inneren Peter Pan wiedergewinnen,
denn ich weiß, mit ihm kann mir alles gelingen. Um zu springen.
Um zu fliegen und Freude ins Herz zu kriegen.
So erhellt sich meine Welt,
weil ich hab's beim Universum bestellt.
Die Sonne lacht, der Himmel ist blau
und die Zukunft kennt kein Grau.
Mit Blumen in den Haaren
endlich frei, mitten im Leben dabei.
Nie mehr weinen, nie mehr unter den Dingen leiden,
die mich zerbrechen,
möchte ich meine Seele mit Freuden bestechen.
Mit der Erkenntnis, egal wo hin ich geh,
ich nehm mich immer mit.
So hab ich mich selbst wiederbelebt,
weil nur ich die Architektur meiner Seele versteh.

INNENWELTREISE

Ich wünsch mir eine Innenweltreise,
bei der ich es mir selbst beweise.
Meine eigenen Kontinente,
meine inneren Seelenfragmente,
meine Höhen, meine Tiefen
und alle, die jemals nach mir riefen!
In mir lebt ein Abenteuerland
und ich bin so froh,
hab ich's erkannt!
Ich bin schon ganz gespannt darauf, in mir auf Entdeckungsreise zu gehen.
Mich endlich selbst besser zu verstehen.
Alle Schätze in mir zu finden,
damit sie mir neue Wunder bringen.
Mich auf mich selbst einzulassen,
um so endlich nichts mehr zu verpassen.
So will ich meine Reise starten
und nicht länger auf die Zukunft warten.
Denn meine Zukunft, das bin ich selbst
und was ich beim Universum bestell!

HEIMAT DES GLÜCKS

Da, wo alle Glücke wohnen, möchte ich in Zukunft sein.
Da, wo alles Laute schweigt
und sich innere Zufriedenheit sanft zeigt.
Da, wo alle Streite sterben
und dabei neue Freuden färben.
Da, wo Einhörner Feen begegnen,
wird es in Zukunft für mich Freude regnen.
Da, wo Liebe mehr ist als nur ein Wort,
lach ich meine Sorgen fort.
Werde dort mit Drachen fliegen,
alle Traurigkeit besiegen,
einen blauen Himmel haben
und die Freude in mir wahren!

GRENZEN AUS ZUCKERWATTE

In meinen Träumen gibt es rosa Einhörner und Herzen aus Zuckerwatte.
In meinen Träumen gibt es pinke Raben
und keiner wird je Narben haben.
In meinen Träumen wird aus jedem Frosch ein Prinz,
der vergnügt unter dem Weihnachtsbaum hervorgrinst.
In meinen Träumen ist das Leben leicht,
warum hat es nur nie zu Träumen gereicht?

DER WELTEN WISSEN

Ich weiß, dass ich nichts weiß,
alles ist ungewiss,
bis auf zwei Tatsachen ist auch alles andere ein stetiger Kompromiss.
Die Tatsachen lauten schlicht:
Eines Tages werden wir sterben,
doch an allen anderen Tagen nicht!
So lasst uns an allen Tagen leben,
als wären sie ein Geschenk;
und dabei bedenk, ein bisschen dankbar zu sein,
für alles, was ist, denn sei dir gewiss:
Mit ein bisschen Dankbarkeit
siegt des Lebens Leichtigkeit!

ASS IM ÄRMEL

Ruhe und Glück finden, Angst und Misstrauen verjagen
und immer nach der Hoffnung fragen.
So ein Ass im Ärmel haben,
das alles sind wundervolle Lebensgaben,
auch als Talente besser bekannt,
kommt es auf sie im Leben an.
Sei durch sie dein eigener Bestimmer,
dann klappt das mit dem Lebensglück für immer
und du bist der Gewinner!

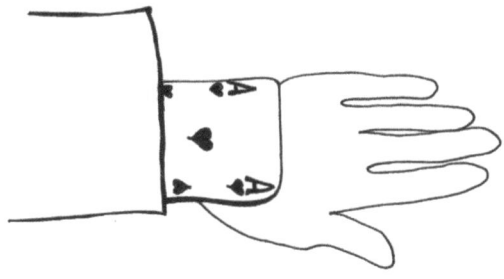

ERWACHEN

Es war so lang dunkel, doch jetzt wird es hell.
Die Zuversicht kommt schnell,
wenn man nur an sie glaubt,
sich endlich wieder selbst vertraut
und auf neue Ziele baut.
Ich kann mich endlich wieder hören,
in meinem Kopf schreien nicht mehr alle durcheinander,
ich kann mir endlich wieder Treue schwören
und fortan ganz mir gehören!

STILLSTAND DER ZEIT

Tust du das, was du wirklich tun willst?

Stell dir vor, jetzt steht die Zeit still …

Lebst du das Leben, das du dir immer gewünscht hast?

Oder hast du irgendwann den Absprung verpasst?

Was würde passieren, wenn du einen Wunsch frei hättest?

Wie wäre es, wenn du alles noch einmal tun könntest?

Und hättest du die Wahl der Möglichkeiten und alle Zeit,

wo wärst du dann, was käme in deinem Leben dran,

wäre er gebrochen, der Bann?

Was wäre deines Lebens Klang?

FRAGE DER ZEIT

Da vorne lacht der Sonnenschein,
deshalb lauf ich schnell in ihn hinein,
was soll ich auch hier im Regen stehen?
Die Zeit wird so oder so vergehen!
Daher entscheide ich mich für die Fröhlichkeit,
denn man weiß nie, wie viel Zeit einem am Ende bleibt!

SONNE UND MOND

Wenn sich Sonne und Mond begrüßen,
der Tag zur Nacht wird, können mir Träume das Leben versüßen!
Doch auch ohne Nacht und Mond ist es möglich,
wenn auch ungewöhnlich,
Träume auferstehen zu lassen,
man darf nur nie seine Chancen verpassen
und sollte es niemals lassen, noch Träume zu haben,
denn in ihnen liegt die Zukunft der Realität
und dafür ist es nie zu spät!

 DENKEN

Man kann sich viel denken,
doch viel wissen tut man nicht.
So denkt man sich so oft entzwei
und startet sie immer wieder von neuem, die Grübelei.
Alle Erinnerungen spielen verrückt
und man fühlt sich bedrückt.
In sich gefangen, sind alle guten Gefühle ausgegangen.
Durch die Idee von der Idee, deren Wahrheit man nicht kennt
und die doch so heftig in der Seele brennt.
Dabei könnte man das, was wirklich wichtig ist,
auch stehlen für alle Seelen dieser Welt,
damit die Sonne sie wieder erhellt.
Doch leider wird nur schnell eine Runde unnützer Dinge auf Amazon bestellt,
so ist es auf dieser Welt!

ERKENNTNISSE DES VIERTEN STREICHS ...

WELCHE Veränderungen stehen Dir noch bevor und werden sie Dir eine neue Heimat bringen?

Halte hier fest, was Dir in Deinem Leben wirklich wichtig ist, damit Du es nie vergisst.

....
....
....
....
....
....
....
....
....
....
....
....
....
....
....
....
....
....

SCHLUSSHOFFNUNG

Ich hoffe,
dieses Büchlein hat Dir dabei geholfen,
das Leben in all seinen Facetten zu sehen –
im Wandel, im Wachsen, im Loslassen.
Nichts bleibt, wie es ist,
und genau darin liegt die Magie.
Jeder Tag ist eine neue Seite,
jede Veränderung eine Einladung weiterzugehen.
Also vertrau dem Fluss des Lebens,
öffne Dein Herz für das Unbekannte –
und erinnere Dich daran,
dass in jeder Veränderung eine Chance steckt.

Bis bald, irgendwo dort,
wo die Jugend und das Scharmützel
ihr Unwesen treiben.

Wundertütenpoet

Besuche mich auf

www.wundertuetenpoet.de